AF456148

LA CLAQUE!

LA CLAQUE!

FOLIE-REVUE EN UN ACTE

PAR

M. WILLIAM BUSNACH

Représentée pour la première fois, à Paris
sur le Théâtre de la Société artistique (rue Bellefond), le 15 février 1862.

PRIX : 1 FRANC

PARIS
A LA LIBRAIRIE THÉATRALE
14, RUE DE GRAMMONT
—
1862

LA CLAQUE !

LA CLAQUE !

FOLIE-REVUE EN UN ACTE

PAR

M. WILLIAM BUSNACH

Représentée pour la première fois, à Paris
sur le Théâtre de la Société artistique (rue Bellefond), le 15 février 1862.

PARIS
A LA LIBRAIRIE THÉATRALE
14, RUE DE GRAMMONT
—
1862

A

M. N. BRANDT

TÉMOIGNAGE DE RECONNAISSANCE ET D'AMITIÉ

W. BUSNACH.

PERSONNAGES

—

LA FICELLE DRAMATIQUE........	Mlles DÉSIRÉE.
JULIE............................ LE THÉATRE BELLEFOND.........	CARROUCHÉ-DALBERT.
LA FRÉGATE-ÉCOLE..............	SURAND.
LA COMÈTE........................	Mme MAGNUS.
COLLODION.........................	MM. PETIN.
ROMULUS..........................	GUSTAVE BLOCH.
BAIN-DE-FER......................	J. JACOB.
CHABANNAIS......................	PAUL J.
LE BOULEVARD DU TEMPLE.......	H.
WATEFERFISCH....................	MANUEL.
ORÉLIE-ANTOINE..................	ALFRED N.
BRULE-PAVÉ.......................	PARIZE.
UN VIGNERON.....................	MASSON.

Pour la musique nouvelle, s'adresser à M. CELLOT, Chef d'Orchestre du Théâtre, 8, rue Bellefond.

PARIS. — TYPOGRAPHIE MORRIS ET Cie, 64, RUE AMELOT.

LA CLAQUE! LA CLAQUE!

Le théâtre représente un salon. Une toile de fond de jardin. Au second plan, à droite, un objectif et des instruments de photographie. Un grand rideau coupant à volonté le théâtre. Canapés, fauteuils, chaises, etc., etc.

SCÈNE PREMIÈRE

BAIN-DE-FER, JULIE. (*Au lever du rideau, Julie est assise sur le fauteuil et pose; Bain-de-Fer a la figure cachée sous le voile de l'objectif.*)

JULIE.

Est-ce bien comme cela, dites?

BAIN-DE-FER.

Parfaitement, mademoiselle!

JULIE.

J'espère que cette fois vous réussirez.

BAIN-DE-FER.

La tête un peu plus de trois quarts... Là, voilà!... Maintenant, mademoiselle, soyez immobile, s'il vous plaît. (*Il sort la tête de dessous la toile, ses cheveux sont ébouriffés.*) Regardez là, dans l'instrument... (*Il opère et regarde Julie d'un air tendre; il compte en soupirant.*) Une... deux... trois... quatre... cinq... six... (*Tout à coup il s'élance vers elle.*) Ah! mademoiselle!

JULIE, *poussant un cri.*

Qu'est-ce qu'il y a?

BAIN-DE-FER.

Rien! mademoiselle, rien!

JULIE.

Ah! que c'est bête de me faire peur comme ça!... Voilà encore mon portrait manqué! c'est amusant... C'est au moins la dix-septième fois que je pose depuis ce matin.

BAIN-DE-FER.

Accablez-moi, mademoiselle, je ne répondrai pas!

JULIE.

Mais enfin, qu'est-ce que vous avez à sauter comme ça en l'air?

BAIN-DE-FER.

Ce n'est pas moi qui saute, mademoiselle, c'est mon cœur!...

Croyez-vous donc que je puisse comprimer ses élans, à ce cœur, et lui dire de ne pas battre si fort quand je suis en face de vous?... Croyez-vous qu'il me soit possible de rester ainsi, bêtement, à compter les secondes, comme si je faisais cuire un œuf à la coque, quand votre regard croise le mien? Ah! Julie!... c'est plus fort que moi... mes jambes flagellent, — dit-on gellent ou geolent, — je suis si ému que je ne sais plus...

JULIE.

Geolent... monsieur.

BAIN-DE-FER.

Merci, ange; mes jambes flageolent, et je ne peux m'empêcher de tomber à vos pieds!

JULIE.

Monsieur Gustave!

BAIN-DE-FER.

Ne m'appelez pas Gustave, mademoiselle! Vous savez bien que depuis que, pour me rapprocher de vous, j'ai laissé là mes pinceaux et mes couleurs pour devenir opérateur photographe chez monsieur votre père, il a eu l'heureuse idée de changer mon joli nom de Gustave Chimpazard contre le sobriquet de Bain-de-Fer, et il exige que je n'en porte pas d'autre!... Ah! Julie!

JULIE.

Calmez-vous, je vous en prie... Pourquoi me parler ainsi? Vous savez bien que mon père ne consentira pas à notre mariage.

BAIN-DE-FER.

Et vous me dites cela tranquillement! Mais voilà pourtant ce qui fait le désespoir de mon horrible existence!... et bientôt sans doute... Ah! c'est bien imprudent à lui de laisser ainsi sous ma main une foule de produits dangereux! Un jour ou l'autre, voyez-vous, je me laisserai aller à préparer une plaque dans mon estomac!

JULIE.

Y pensez-vous, monsieur Bain-de-Fer?... vous détruire!

BAIN-DE-FER.

Certainement. Tenez, mademoiselle, si vous m'aimiez autant que je vous aime, loin de chercher à me détourner de mon sinistre projet, vous devriez, au contraire, dans un trépas commun, trouver l'union de nos deux âmes!

JULIE.

C'est encore une jolie idée que vous avez là!

BAIN-DE-FER.

Ah! vous ne m'aimez pas alors!... Julie... Julie... songez-y, vous êtes mon premier amour!

JULIE.

Premier... premier... il y a bien eu un entre-sol?

BAIN-DE-FER.

Vous riez, et je souffre... Triste... triste!... Ingrate, ne vous souvient-il plus de cette promenade que nous fîmes l'an dernier dans les bois de Ville-d'Avray, de ces doux épanchements, de ce bras serré contre mon cœur, de ces regards brûlants, de vos yeux baissés?... Ah! Julie!... Julie!

AIR :

C'était cet automne, un dimanche,
Je vous avais offert mon bras!
Vous portiez une robe blanche,
Un joli mantelet lilas.
Nous courions dedans la prairie ;
Vous en souvient-il pas, Julie?
Ah! redites-moi, par pitié!
Que vous n'avez rien oublié!

JULIE.

Nous étions troublés l'un et l'autre,
Et mon père étant loin de nous,
Vous prîtes mes mains dans la vôtre,
Et vous me dites à genoux :
Je vous adore, ô ma Julie,
A vous désormais pour la vie!
Je voudrais en vain le nier,
Mon cœur n'a pu rien oublier.

BAIN-DE-FER.

Ah! Julie, après cet aveu si doux, je ne puis plus douter... Vous m'aimez, n'est-ce pas?

JULIE.

Taisez-vous!... si mon père vous entendait!..

BAIN-DE-FER.

Votre père... et que m'importe!... je brave sa colère, à présent. Qu'il vienne donc, ce barbare tyran! qu'il vienne me disputer à vous... je lui dirai : Monsieur Collodion, j'aime votre fille, et...

JULIE.

Et il vous mettra immédiatement à la porte.

BAIN-DE-FER.

C'est assez probable... Mais que faire alors?... Vous voyez bien qu'il faut en revenir à... vous savez, l'union de nos deux âmes?

JULIE.

Il faut, au contraire, chercher un moyen de le faire consentir... tout n'est pas désespéré peut-être... Vous savez que mon père, qui a fait sa fortune dans le caoutchouc durci...

BAIN-DE-FER.

Une fière chance qu'il a eu là, par exemple ! Mais que m'importent sa fortune et son caoutchouc durci, c'est vous seule que je veux.

JULIE.

Laissez-moi donc continuer.

BAIN-DE-FER.

Je vous écoute comme si vous étiez mademoiselle Lenormand.

JULIE.

Mon père, dis-je, s'est pris ces derniers temps d'une passion désordonnée pour la photographie. C'est son côté faible, c'est par là qu'il faut l'attaquer... Si nous pouvions trouver quelque chose qui flattât sa manie!

BAIN-DE-FER.

En effet, vous avez raison, il faudrait inventer... Mais quoi?

JULIE.

C'est lui... je l'entends... Je reprends ma pose. (*Elle se rassied dans le fauteuil.*)

BAIN-DE-FER, *à son objectif.*

Fixe repos!.. ça va commencer...

SCENE II

COLLODION, BAIN-DE-FER, JULIE.

COLLODION, *un journal à la main.*

Malgré moi, j'y pense sans cesse, et dans le tourment qui m'oppresse...

BAIN-DE-FER.

Ah ! mademoiselle, monsieur votre père qui parle comme à l'Odéon.

COLLODION.

Tiens, vous êtes là!

JULIE.

Oui, papa... monsieur Gust... monsieur Bain-de-Fer me fait mon portrait.

COLLODION.

Mais il y a deux heures que je vous ai laissé à cette même place, Julie!... Il est impossible que vous ayez mis tout ce temps...

BAIN-DE-FER.

C'est que... j'ai cherché plusieurs positions, patron, et je n'ai pas encore trouvé...

COLLODION.

C'est bien... laissez-moi... Je suis rêveur... j'ai besoin de rentrer en moi-même! O humiliation! sentir en soi l'étoffe d'un homme de génie, et ne pouvoir parvenir à percer!

JULIE.

Mais qu'est-ce qui vous tracasse ainsi, papa!

COLLODION.

Ne m'interroge pas; Julie, tu ne saurais me comprendre... ou plutôt si, écoute, Julie!

JULIE.

Papa?

COLLODION.

Lis-tu quelquefois la quatrième page des grands journaux, ma fille.

BAIN-DE-FER *indigné.*

Ah! monsieur.....

COLLODION.

C'est juste, je te l'ai défendu... Mais enfin la lis-tu quelquefois?..

JULIE.

Jamais, papa; je ne lis que les feuilletons, ceux du vicomte Ponson du Terrail par exemple! Ah voilà qui est amusant!

COLLODION.

Naïve enfant; je reconnais bien là, le fruit de l'éducation distinguée que je lui ai donnée. Cette littérature à la fois simple et auvergnate, suffit aux besoins de ton âme candide! C'est bien, petite, viens m'embrasser.

JULIE.

Oui, papa! (*Elle l'embrasse.*)

BAIN-DE-FER, *à part.*

Il l'embrasse!... lui! Ah!... je voudrais être son père. C'est à-dire... non!...

COLLODION.

Eh bien, ma fille, je veux bien, pour aujourd'hui, te permettre cette lecture commerciale: tiens, lis. (*Il lui donne le journal.*)

JULIE, *lisant.*

Vitaline Steck.....

COLLODION.

Plus loin, plus loin...

JULIE, *lisant.*

Corsets à buses magnétiques...

COLLODION *vivement.*

Plus bas, plus bas! (*A part.*) Vraiment, ces journaux (*Haut.*) Tiens, là!... en bas.., ces gros caractères. 1.

JULIE, *lisant.*

Étrennes 1862... Album Onzéderi... Plus de 12,000 portraits des célébrités contemporaines... 1re liste... Jolanchaux... Ventujol, Rougnol, Chamouton, Rigolinski... mais je ne connais pas ces noms-là... papa...

COLLODION.

Moi non plus, ma fille, ni personne; mais c'est égal, il parait que ce sont des illustrations contemporaines... Eh bien! cette annonce-là!... Julie!... C'est le ver qui me ronge, le fer suspendu sur ma tête... c'est...

BAIN-DE-FER.

C'est un cheveu sur votre potage, quoi !..

COLLODION.

Cette expression triviale rend assez bien ma pensée... Viens m'embrasser Bain-de-Fer... non, plus tard... l'année prochaine... Oui Julie, oui moi aussi je rêve un Album... Vois-tu quel effet ça ferait ?.. Album Collodion !.. Mais qu'y mettre dans cet album ?.. il faudrait quelque chose de neuf, d'original; c'est ce que je cherche en vain, depuis huit jours.

BAIN-DE-FER.

S'il vous faut des images gracieuses, patron, je suis prêt à poser dans toute espèce de position. (*Pose.*)

COLLODION.

Et laisse-moi donc tranquille, toi ! non... ce que je voudrais c'est une actualité quelconque, à mettre au jour... c'est... je ne sais quoi enfin!...

BAIN-DE-FER, *inspiré, poussant un cri.*

Ah....

COLLODION.

Quoi... qu'y a-t-il?

BAIN-DE-FER.

Je tiens la chose, patron...

COLLODION.

Toi ?...

BAIN-DE-FER.

Oui, moi.

COLLODION.

Et c'est?...

BAIN-DE-FER.

C'est de... me laisser faire, mais à une condition...

COLLODION.

Parle, parle vite!

BAIN-DE-FER.

Si je réussis à faire ce que vous désirez, m'accorderez-vous?...

COLLODION.

Quoi ?

BAIN-DE-FER.

Ce que je vous demanderai, une fois l'album terminé.

COLLODION.

Tu es charmant, toi ; je ne peux pas m'engager ainsi ! Est-ce dans les prix doux, au moins ?

BAIN-DE-FER.

C'est un trésor, au contraire, mais un trésor qui ne vous coûtera rien !

COLLODION.

Explique-toi, voyons.

BAIN-DE-FER.

Je ne peux vous en dire davantage, c'est à prendre ou à laisser.

COLLODION.

Je prends, alors, et je t'engage ma parole.

BAIN-DE-FER.

Vite à l'ouvrage. (*A Julie.*) Le temps de monter au sixième, chez mes anciens camarades d'atelier et je reviens. Ah ! mademoiselle, je crois que je puis m'écrier comme Archimède : Eurêka... Allons, bon, je parle grec à présent ! Ça veut dire tout simplement : je crois que... dans six semaines, vous serez ma femme. (*A Collodion.*) A tout à l'heure, patron. (*Il sort.*)

SCÈNE III

COLLODION, JULIE.

COLLODION.

Comprends-tu quelque chose à ce qu'il dit, toi, Julie ?

JULIE.

Non, papa, rien du tout ; mais j'ai confiance, et puisqu'il vous a promis de satisfaire votre ambition, laissez-le faire.

COLLODION.

Au fait, je ne risque rien, je lui ai donné ma parole... Ça n'engage pas à grand'chose... Ainsi...

JULIE.

Comment, papa !... mais...

COLLODION.

Va, ma fille, laisse ton père rêvasser à son aise.

JULIE.

Au revoir, papa. (*En sortant.*) Je vais guetter M. Gustave.

SCÈNE IV

COLLODION, *seul.*

Dois-je me fier à l'idée de ce Bain-de-Fer. Oh mon rêve! Oh ! la célébrité ! l'atteindrai-je enfin? C'est en vain que je l'ai demandée à l'industrie du caoutchouc durci, trois faillites successives, tout en m'enrichissant honorablement, m'ont laissé dans l'obscurité... Être illustre!... n'importe à quel prix... Être un grand homme... Ah! ce fut le désir de toute ma vie! Aussi, en quittant le commerce, j'ai cherché dans quelle branche je pourrais m'illustrer... J'avais bien pensé à me faire nommer ambassadeur, mais les costumes officiels sont si chers! Alors je me suis jeté à corps perdu dans la photographie...

SCÈNE V

BAIN-DE-FER, COLLODION.

COLLODION.

C'est toi, Bain-de-fer?

BAIN-DE-FER.

Oui, c'est moi!

COLLODION.

Eh bien, quoi de neuf?

BAIN-DE-FER.

Apprêtez-vous, patron, vous allez bientôt voir comment je tiens ma parole ; moi, je rentre là pour exécuter vos ordres. (*A part.*) Si Romulus, notre ancien modèle, m'a bien compris, ça va marcher, et enfoncé le père Collodion! (*Il passe derrière le rideau.*)

COLLODION, *seul.*

Que veut-il dire? (*A ce moment on entend au dehors un grand bruit de sifflets et de bravos à la porte.*) (*Entre Romulus.*)

SCÈNE VI

COLLODION, ROMULUS.

ROMULUS. *Il entre à reculons en se bouchant les oreilles.*

Assez, assez... grâce, grâce!... (*Se tournant vers Collodion.*) Au nom du ciel, monsieur, secourez-moi, cachez-moi n'importe où, dans une armoire, dans votre fontaine, dans votre objectif, où vous voudrez enfin, mais cachez-moi!

COLLODION.

Pardon, monsieur, mais je ne comprends pas ; à qui ai-je l'honneur de parler?

ROMULUS.

Monsieur, vous voyez en moi le descendant d'un illustre Romain; un de mes aïeux eut l'honneur de claquer autrefois Néron.

COLLODION, *sans comprendre.*

Ah! vous avez claqué Néron... enchanté, monsieur... mais je ne comprends pas toujours ce qui me procure?...

ROMULUS.

Vous devez être allé quelquefois au théâtre?

COLLODION.

Souvent, monsieur, j'adore le spectacle; j'ai même ma stalle à l'année... aux Funambules... derrière la clarinette.

ROMULUS.

Eh bien, monsieur, je suis un de ceux qui sont chargés de manifester aux auteurs et aux artistes la satisfaction du public.

COLLODION.

Oh! j'entends maintenant, vous êtes un claqueur!

ROMULUS.

Vous l'avez dit, j'ai cet honneur; placé sous le lustre, c'est moi qui applaudis tous les acteurs en renom, depuis Mélingue jusqu'à Vavasseur; du reste, voici ma carte : « Romulus, entrepreneur de succès, attaché aux théâtres des boulevards, claque tout ce qui concerne son état, fait des envois en province... » Tout ce qui s'est joué depuis vingt ans, je l'ai applaudi... quelle besogne !... j'ai vu trois cent vingt-sept fois *le Pied de Mouton.*

COLLODION.

Oh! pauvre homme.

ROMULUS.

Eh bien, monsieur, imaginez-vous que dans le courant de l'année dernière, il s'est formé contre mon honorable profession une ligue acharnée; ces gueux de payants ne se sont-ils pas imaginé de vouloir applaudir eux-mêmes, comme s'ils savaient; hein! si ça ne fait pas pitié?

COLLODION.

Mais pardon, monsieur, il me semble pourtant...

ROMULUS.

Quoi? quoi?... il vous semble... En seriez-vous un par hasard?

COLLODION.

Un quoi?

ROMULUS.

Un merle.

COLLODION.

Un merle?

ROMULUS.

Oui. C'est le nom de ces oiseaux-là ! Ils ont formé un club : *le Club des Merles...* Aussi je suis traqué, poursuivi, à peine hasardé-je le plus petit bravo qu'on me crie aussitôt : chut, chut ! à la porte ! c'est intolérable ! Mais que veut-on que je devienne?

COLLODION.

Certainement, monsieur, je compatis de tout mon cœur à votre noble infortune, mais je n'y puis rien et je ne m'explique toujours pas davantage ce que...

ROMULUS.

Comment vous ne comprenez pas? seriez-vous bouché par hasard?

COLLODION.

Non, monsieur, je suis photographe, le collaborateur du soleil.

ROMULUS.

Ah! oui! la photographie! la profession à la mode.

Air : *Vive la lithographie!*

Vive la photographie!
Tel est le cri général;
Chacun veut son effigie :
Assis, debout, à cheval.
Vieux masques aux frais visages,
Le critique! l'auteur à bout!
Gens d'esprit, sots, fous ou sages,
L'objectif reproduit tout!
Tout ça se vend et s'achète,
Chacun avec fatuité,
Voyant exposer sa tête,
Se croit une célébrité.
Aussi dans chaque étalage,
Quel tohu-bohu piquant.
C'est un certain assemblage
Parfois drôl', parfois choquant.
En face d'une danseuse,
Le portrait de Talleyrand,
Une vertu scrupuleuse
Près d' Léotard trapézant.
Ici, voyez cette actrice,
Déguisée en marmiton,
Près d' Jud, dont la cicatrice
Effraye un jug' d'instruction,
Ce guerrier tient dans sa dextre
Un bâton de maréchal;
Au-dessus, un chef d'orchestre
Tient un bâton d'carnaval.

Voyez là, c'est Rigolboche,
Assise sur un balcon,
Faisant, la main dans sa poche,
La nique à lord Palmerston.
Mon pip'let, sans qu'on lui réclame,
Au jour de l'an a fait don
De l'image de sa femme
Orné' de son grand cordon.
Bientôt, près de chaq' figure,
Faudra mettre un attribut :
L' charcutier voudra sa hure,
Et chaque auteur l'Institut.
Bref, comme les vieux télégraphes,
Cette mode passera.
Bientôt plus de *pho-tographes* ;
Le vrai tographe viendra.

Et moi aussi je suis une célébrité, et du train dont ils y vont, il ne restera peut-être plus rien de moi cette année.

COLLODION.

Et ?...

ROMULUS.

Et je désire laisser mes traits à la postérité... C'est pour cela que vous me voyez chez vous... Je veux avoir mon portrait avec ce costume caractéristique, et ce vers à mes pieds :

Du plus gros des Romains, voilà tout ce qu'il reste !

COLLODION.

Comment, monsieur, c'est pour cela ? mais alors donnez-vous donc la peine de...

ROMULUS.

Tenez, monsieur, je veux vous rendre un service, je veux qu'on parle de votre atelier. Si vous y consentez, toutes les célébrités de l'année défunte vont venir poser ici, devant vous !

COLLODION.

Ciel ! qu'entends-je ?... Quoi !... mais alors mon rêve se réaliserait... Mon album... le voilà... Album Collodion... Revue de 1861. Ah ! mon cher Néron !

ROMULUS.

Romulus !

COLLODION.

Oui, Néron... que ne vous devrai-je pas ?

BAIN-DE-FER *derrière le rideau et d'une voix grave.*

Patron, songez à votre promesse.

ROMULUS.

Quelle est cette voix humaine ?

COLLODION.

Bain-de-Fer, mon commis principal, mon assesseur... Oui, Bain-de-Fer, oui, je saisis tout maintenant, c'est toi qui me vaux cette aubaine, et je te jure que, mon album terminé, je t'accorderai ce que tu me demanderas.

BAIN-DE-FER, *passant sa tête entre les rideaux.*

J'y compte, patron.

COLLODION.

Ah! monsieur Néron, quelle joie, venez m'embrasser... non, c'est inutile... Ah! mon cher Romulus, votre main... Oh! la belle main.

ROMULUS.

J'ai la paire... Tenez... comme ça claque.

SCÈNE VII

LES MÊMES, CHABANNAIS.

CHABANNAIS.

La claque, la claque! où est-elle, la claque?

ROMULUS, *à Collodion.*

Monsieur Chabannais, que j'ai l'honneur de vous présenter.

CHABANNAIS.

Monsieur, pourquoi donc me regardez-vous d'un air étonné? Ah! je la trouve mauvaise, celle-là... Ça va marcher! parce qu'avec moi, ça ne traîne pas, voyez-vous; j'aurai bientôt fait de vous envoyer la... (*Il fait le geste de donner une claque.*)

COLLODION.

Bigre! il n'a pas l'air d'avoir le caractère bien fait.

CHABANNAIS.

Bien fait! Quoi, bien fait! Ah ne la faites plus celle-là... hein?... elle est mauvaise...

ROMULUS,

Calmez-vous, Chabannais; monsieur n'a pas voulu vous être désagréable.

CHABANNAIS.

A la bonne heure, parce que je n'aime pas qu'on plaisante là-dessus; ça n'est pas pour moi, c'est pour ma famille.

ROMULUS.

Vous voyez là, monsieur Collodion, une des célébrités des petits théâtres. Monsieur a fait courir tout Paris. Ah! c'est là qu'on s'amusait! j'ai vu monsieur plus de cinquante fois, et toujours je riais comme un bossu.

CHABANNAIS.

Comment, comment ça... bossu! C'est encore une de celles qu'il ne faut pas me faire, celle-là... Un jour, à la Marche, un joli gandin m'a demandé si j'avais avalé un tire-bouchon! Je n'ai pas bien compris d'abord, mais ensuite il m'a appelé bombé; alors, vous jugez! ça n'a pas été long la pluie de claques ! Il a exigé des excuses, j'ai refusé, et le lendemain, à Vincennes, sur un dégagement... je l'ai tué, moi, Chabannais, parole d'honneur ! c'est alors seulement que j'ai consenti à accepter ses excuses... Aussi ne m'asticotez pas, voyez-vous, parce que j'aurais bien vite fait de vous envoyer la...

ROMULUS.

Ah ! mais vous m'embêtez à la fin, savez-vous ? Je me moque pas mal de vous et de votre claque ! Envoyez-la donc un peu pour voir !

CHABANNAIS.

Quelle soupe au lait que ce Romain... Il a cru que c'était sérieusement que je voulais lui envoyer la claque... A lui, un professeur de claque !... Est-il susceptible... hein ? La claque à toi, un ami que je ne connais pas du tout ; la claque à tout le monde, mais à toi, jamais !... Étreins-moi. (*Il l'embrasse.*)

COLLODION.

A la bonne heure... je craignais un malheur !... Monsieur, si vous voulez entrer là, on va vous faire poser.

CHABANNAIS.

Comment ça, comment ça... me faire poser !... Je la trouve mauvaise, celle-là. (*Se calmant.*) Ça ne sera pas long, n'est-ce pas ?... j'ai rendez-vous avec une petite fillette ; j'adore les primeurs, moi !... Si on ne se dépêche pas, j'envoie un coup d'épée... Je suis du Midi, et que voulez-vous, on ne se refait pas.

COLLODION.

Malheureusement...

CHABANNAIS.

Comment ça... malheureusement ?... Qu'est-ce que tu entends par là, toi ?... Ah ! mais, ah ! mais... (*Il passe derrière le rideau.*)

COLLODION.

Il est enragé !

ROMULUS.

Que voulez-vous, il a eu tant de succès avec son méchant caractère !... De tous côtés on ne voit que gens qui bégayent et qui parlent de vous envoyer la claque.

AIR de *Roger Bontemps.*

La claque, la claque, la claque !
On n'entend plus que ça ;
Partout chacun vous traque
Avec ce refrain-là.
Jadis, dans l' demi-monde,
On n' parlait qu' javanais ;
A présent, à la ronde,
On parle chabannais.
Demi-monde ou grand monde,
Partout le chabannais !

SCÈNE VIII

COLLODION, ROMULUS, LE BOULEVARD DU TEMPLE.

LE BOULEVARD, *entrant en pleurant.*

Ah ! ah ! ah ! ah ! ah ! ah ! ah !
Qui consolera
L' pauvre boulevard du Temple?
Ah ! ah ! ah ! ah ! ah ! ah ! ah !
Il n'est pas d'exemple
D'un sort pareil à celui-là !

COLLODION.

Qu'avez-vous, mon brave homme, et pourquoi pleurez-vous?

LE BOULEVARD.

Ah ! Monsieur, si vous saviez, c'est navrant.

ROMULUS.

Mais je te reconnais toi, mon vieux : tu t'appelais jadis la Foire Saint-Laurent, plus tard on t'a nommé le Boulevard du Crime, hier tu étais le Boulevard du Temple, et demain tu seras le Boulevard du Prince-Eugène!

LE BOULEVARD.

Oui, monsieur.

AIR : *Ne raillez pas la garde citoyenne.*

Vous connaissez le boulevard du Temple
Et son aspect vraiment miraculeux?
Depuis longtemps tout Paris y contemple
De gais tableaux, des spectacles joyeux.
Au temps jadis, c'était alors la foire,
On y voyait des tours de gobelets,
Des charlatans, un tas de balançoires,
D' plus en plus fort ! comme chez Nicolet !
On admirait des puces très-savantes,
Qui, sans trembler, vous tiraient le canon ;
On y levait des poids de cent cinquante,
On y trinquait au café d'Apollon.
Vous souvient-il encore de Laotimèche,
De Curtius et du gai Tabarin?
C'était chez moi que paradait Bobèche ;
Le grand Jocrisse est né sur mon terrain.
Depuis ce temps, j'ai su grandir encore,
Et sans parler de Collé, de Panard !
Les grands talents que le public adore
Sont presque tous enfants du boulevard.
Quand Frédérick au Lazary commence,
Quand Déjazet chez moi vint s'établir,
Ne puis-je pas à bon droit, je le pense,
Regretter tant de me voir démolir?

REPRISE.

Vous connaissez le boulevard du Temple, etc.

Et mes deux pauvres enfants !

COLLODION.

Il a de la famille ?

ROMULUS.

Il veut parler du Cirque et du Théâtre-Lyrique.

LE BOULEVARD.

Oui, monsieur. Je vous demande un peu ce que deviendra le boulevard sans ces deux théâtres-là ! Ah ! je suis bien inquiet sur leur avenir... deux théâtres au bord de l'eau... Que de plaisanteries ne va-t-on pas faire ? Il n'y aura que de l'eau à boire ; les pièces n'auront pas grand chemin à faire pour tomber à l'eau.

ROMULUS.

Oui, mais l'été ?

AIR des *Carrières de Montmartre.*

Lorsqu'à Paris on cuira
La salle sera pleine
Puisque le public pourra
Pendant l'entracte, oui-da,
Ou quand on jouera
Un piètre opéra,
Aller prendre un bain de Seine.

II

Oui, dans le mois de juillet
La recette sera certaine,
Si le directeur permet
Que lorsqu'on prend un billet
Au lieu du livret
On loue un filet
Pour pêcher dans la Seine.

LE BOULEVARD.

Vous voyez, monsieur, vous-même vous abandonnez vos anciens camarades ! Ah ! je suis bien à plaindre, allez !... Et quelles raisons me donne-t-on ? Je ne suis pas à l'alignement, on veut m'achever... Ah ! oui, c'est bien le mot, m'achever.
(*Il sort en répétant son air d'entrée.*)

Ah ! ah ! ah ! etc.

SCÈNE IX

COLLODION, ROMULUS, LA FRÉGATE-ÉCOLE.

LA FRÉGATE-ÉCOLE, *dans la coulisse.*

Mille sabords !... mille millions de marsouins !...
(*Elle entre.*)

AIR : *Ah! c'est-il beau!*

Ah! qu'il fait froid! (*ter.*)
Je me sens prise par la glace!
Ah! qu'il fait froid!
De grâce, réchauffez-moi!

COLLODION.

Quel est ce joli petit marin?

LA FRÉGATE.

Vous ne me reconnaissez pas, monsieur? ça tient peut-être à ce que vous ne m'avez jamais vue!

ROMULUS.

C'est possible.

LA FRÉGATE.

Vous n'y êtes jamais allé?

COLLODION.

Où ça?

LA FRÉGATE.

Au Havre, à Cherbourg; vous n'avez donc jamais été visiter la mer!

COLLODION.

Moi? j'ai été une fois jusqu'à Saint-Cloud en gondole, ça n'est pas la même chose...... hein?

LA FRÉGATE.

Aujourd'hui, monsieur, vous n'avez nul besoin de vous déranger pour prendre un bain de mer, vous montez en omnibus, vous descendez au pont Royal... là, vous me trouvez.

COLLODION.

Qui vous?

LA FRÉGATE.

La frégate-école, parbleu!

COLLODION

Et vous donnez des bains de mer... vous-même?

LA FRÉGATE.

Pas de familiarités, mon vieux... Oui, pour la modique somme d'un franc, vous pouvez vous croire à Dieppe ou à Trouville... de l'eau de mer véritable, venue en droite ligne de l'Océan!

ROMULUS.

Oh! de l'Océan... dites donc, entre nous, voyons, soyez franche, avec une pompe et une livre de sel de cuisine, c'est plus économique?

LA FRÉGATE *pleurant.*

Ah! c'est affreux ça! voilà pourtant ce qu'ils disent tous

c'est une indigne calomnie : mais vous n'avez donc pas lu l'autre jour dans le *Constitutionnel*?...

COLLODION.

Elle va nous conter l'histoire de l'ours de Montmorency.

LA FRÉGATE.

Eh non, monsieur; il ne s'agit pas d'ours, mais d'un événement tragique arrivé, chez moi et qui prouve bien que mon eau est de l'eau bien authentique.

ROMULUS.

Ah! oui, je crois me souvenir...

LA FRÉGATE.

La preuve que c'est vrai, monsieur, c'est que ç'a été imprimé.

COLLODION.

Voyons, qu'est il donc arrivé de si terrible?

LA FRÉGATE.

Je vais vous conter ça, ou plutôt vous chanter ça.

AIR : *Amis, voici la riante semaine.*

Un bon bourgeois, dont c'était la toquade,
Venait chaqu' jour visiter mon bateau;
L'autre matin, après sa promenade,
Il se décide à se plonger dans l'eau.
Mais tout à coup, ce n'est pas une histoire,
Un affreux cri retentit dans le bain;
Le malheureux, au fond de sa baignoire,
Venait-il pas de trouver un requin!
Oui, oui, monsieur, un énorme requin!

COLLODION A ROMULUS.

Est-ce que vous coupez dans le pont de cette frégate?

ROMULUS.

Au premier sabord... au premier abord! cela peut paraître étrange en effet (*A la Frégate.*) Mais comment se fait-il que ce requin vagabond, se soit trouvé dans la capitale, l'avez-vous su?

LA FRÉGATE.

Non, mais on présume qu'il aura dû échapper à la surveillance des employés du chemin de fer!

ROMULUS.

Ce requin est tout bonnement le Jud des poissons... et qu'en avez-vous fait?

LA FRÉGATE.

Nous l'avons réexpédié à Étretat où il a fait de nouveau des siennes... mais ça n'arrive pas tous les jours, monsieur, et vous devriez venir chez moi, ça ne vous ferait pas de mal....

COLLODION, *à part.*

Pourquoi me dit-elle cela?

LA FRÉGATE, *à Romulus.*

Et vous aussi, monsieur; ça vous ferait maigrir.

ROMULUS.

Mais pas du tout, je me trouve très-bien comme cela... Et puis je n'ai plus rien à faire aux bains, hélas!

AIR :

I

Le mois dernier, ma chère amie,
J'eus la malheureuse folie
D'entrer deux ou trois fois seul'ment
Dans un superbe monument,
Qui du dehors parait charmant.
C't édifice, situé rue Vivienne,
Ressemble beaucoup à la Madeleine.
Ça s' nomme la Bourse, ah! quel guêpier!
J'n'ai plus besoin de m' faire nettoyer.

II

Chez vous, pour entrer, il importe
De donner vingt sous à la porte;
C'était aussi jadis comme ça
Aux grill's de ce monument-là.
C'est changé maintenant, et voilà
Comment il se fait qu'à la Bourse
Chacun se rend au pas de course:
Plus d' tourniquets, rien à payer!
C'est gratis qu'on s' fait nettoyer!

LA FRÉGATE.

C'est égal, je ne désespère pas de vous voir bientôt à mon bord; vous ne vous repentirez pas d'être venus visiter mon gréement.

COLLODION.

En effet... j'aurais un certain agrément à le visiter.

(La Frégate sort.)

SCÈNE X

COLLODION, ROMULUS, ORÉLIE, BRULE-PAVÉ. *(Orélie est en costume d'avoué, c'est-à-dire une longue robe noire et une toque; il porte des lunettes. Brûle-Pavé a un grand carrick de cocher de fiacre. Brûle-Pavé entre en poussant Orélie, et lui donne des coups de poing. Orélie traîne une grande malle.)*

BRULE-PAVÉ.

Ah! gredin! ah! filou!

ORÉLIE.

Ah ! c'en est trop à la fin.

AIR

Arrête, arrête, cocher !
Pour trois francs dix sous me traiter d' la sorte !
Arrête, arrête, cocher...

BRULE-PAVÉ.

Et emporte-toi tant que tu voudras... qu'est-ce ça me fait... je ne te lâcherai que quand tu m'auras donné mon dû !

ORÉLIE.

Mais je t'ai déjà expliqué... Comprends donc ma position.

BRULE-PAVÉ.

Alors pourquoi que vous prenez un fiacre, si vous êtes un pané ? les omnibus ne sont pas faites pour les caniches.

ORÉLIE.

Mais écoute-moi donc, je te jure que tu ne perdras rien.

BRULE-PAVÉ.

En v'là encore une que je connais... ils disent tous ça... Tenez, dépêchez-vous de me payer, où je vous mène chez le commissaire, car enfin... je ne veux que mon légitime salaire.

ORÉLIE.

Ton salaire, ton salaire... tu es sûr de ne pas le perdre ton *salaire*.

BRULE-PAVÉ.

Ah ça, mais je crois qu'il m'insulte, à présent... méchant gratte-papier !

COLLODION.

Ne trouvez-vous pas qu'il serait temps que nous nous mêlassions de ce débat ?

ROMULUS.

En effet... Peut-on savoir la cause de cette discussion, que l'on peut qualifier d'aigre-douce ?...

BRULE-PAVÉ.

Tiens... c' monsieur !... Oh ! quel drôle de costume, vous ne devez pas avoir chaud avec ça... voulez-vous mon carrick ?

ROMULUS.

Ne faites pas le saint Martin comme ça, et éclairez-nous.

BRULE-PAVÉ.

Voilà ce que c'est. Imaginez-vous que j'étais à la station du chemin de fer, quand c' particulier-là monte dans ma voiture avec sa malle.

ORÉLIE.

Une valise de voyage.

BRULE-PAVÉ.

Il me dit : Conduisez-moi chez un grand photographe... je l'amène ici...

COLLODION.

Ce cocher est vraiment très-distingué... Seyez-vous donc !...

BRULE-PAVÉ.

Merci !... Bref, je me dépêche le plus qu'il m'est possible, hélas ! nous arrivons, et voilà-t-il pas que monsieur refuse de m' payer... il prétend qu'il n'a pas de monnaie... qu'il change, alors.

ORÉLIE.

C'est mon vœu le plus cher ; je changerais volontiers, surtout avec Rothschild.

COLLODION.

Pardon, monsieur, mais les plaintes de cet automédon ne me semblent pas dénuées de tout fondément.

ORÉLIE.

Monsieur, qui n'entend qu'une cloche n'entend qu'un son...

ROMULUS.

Nous écoutons votre cloche...

BRULE-PAVÉ.

Oui, faites un peu sonner votre battant ! Il va nous conter quelque balançoire...

ORÉLIE.

Vous saurez, messieurs, qu'arrivé depuis une heure à Paris...

ROMULUS.

Arrivé d'où ?

ORÉLIE.

De bien loin, je viens du Chili.

ROMULUS.

Chilly ! oh ! je connais... (*Imitant.*) « Patience, patience, ça marche, ça marche. »

COLLODION.

Oh ! Romulus, c'est mal imité ça, vous n'êtes pas assez Rodin.

ROMULUS.

Si Rodin, vous voulez dire.

COLLODION.

Malheureux !... Continuez, monsieur.

ORÉLIE.

Or, je n'avais emporté exactement que l'argent nécessaire à

mon voyage ; en arrivant au débarcadère, preuve que mes calculs étaient bons, je possédais encore deux francs, juste une heure de fiacre ; j'avise ce cocher, je le hèle, après avoir attentivement examiné sa bête.

BRULE-PAVÉ.

Cocotte!... ne l'insultez pas... je vous prie...

ORÉLIE.

Quel fichu caractère, hein! nous démarrons et vous ne savez pas ce qu'il prend de temps pour me mettre à votre porte ?.. 1 heure 45 minutes... il n'a fait que marcher au pas... il est dans son tort.

BRULE-PAVÉ.

Dans mon tort... je voudrais bien vous y voir... vous ne connaissez pas la nouvelle ordonnance...

ROMULUS.

Sur les fouets, la suppressions des mèches?

BRULE-PAVÉ

Justement.

ORÉLIE.

Mais ce n'est pas une raison pour descendre à chaque instant de votre siége comme vous l'avez fait.

BRULE-PAVÉ.

Vous n'avez pas compris ma pantomime, alors.

AIR :

Mon fouet est veuf de sa mèche sonore,
Et Cocotte qui le sait bien,
En profite, je le déplore,
Pour aller comme il lui convient.
Contre elle, hélas ! je ne puis rien.
Car maintenant, pour presser son allure,
Plus d arguments qui la puisse toucher.
J'en suis réduit à descend' de voiture
Pour la supplier de marcher.
Oui, me jetant à ses pieds, je l'adjure,
De m' faire l'amitié de marcher.

Aussi ce n'est pas étonnant que j'aie mis ce temps!

ROMULUS.

Il n'a pas tout à fait tort, monsieur?...

ORÉLIE.

Antoine... de Périgueux.

ROMULUS.

Ciel, Antoine... un avoué de Périgueux ? mais alors... vous êtes.....

ORÉLIE.

Je voulais garder l'incognito, mais du moment que vous me reconnaissez.

ROMULUS.

O joie! Quel honneur pour moi, d'être le premier à vous saluer à votre arrivée... saluez Collodion... saluez.

BRULE-PAVÉ.

Qu'est-ce qu'ils ont donc à se baisser ainsi... ils ont perdu quelque chose.

ORÉLIE.

Attendez, laissez-moi me montrer à vous dans toute ma dignité. (*A l'orchestre.*) Un trémolo S. V. P. (*Il ouvre sa malle et en tire une petite couronne surmontée d'une grande plume; il quitte sa robe et reste vêtu en sauvage, il garde ses lunettes.*)

COLLODION *à Romulus.*

Mais enfin, je salue, je salue, quel est ce sauvage à lunettes ?

ROMULUS.

C'est le roi d'Araucanie.

BRULE-PAVÉ.

Un roi... lui!... oh! si j'avais su, Sire... (*A Romulus.*) Dites donc Monsieur le Romain mes 3 fr. 50 c. sont moins exposés!

ROMULUS.

Hum, hum.

COLLODION.

Un roi dans mes ateliers, je ne me sens pas de joie... ah! Sire, permettez... mes hommages... mes respects... mais que venez vous-faire à Paris?

ORÉLIE.

Hélas!

AIR : *Roi de Béotie.*

I

Je suis le roi d'Araucanie,
Orélie-Antoine premier,
Et je viens sans cérémonie
A Paris chercher un banquier.
Si j'ai planté là ma peuplade,
Mes bambous et mon ciel de feu,
C'est que mon budget est malade
Et qu'il faut qu'on assiste un peu
Le pauvre roi d'Araucanie.

TOUS.

Le pauvre roi d'Araucanie!

II

Oui, je suis roi d'Araucanie,
Et ça n'est pas drôle toujours ;
Car mes sauvages ont la manie
De vouloir dîner tous les jours.
Pour eux, je suis un second père!
Mais parmi mes sujets, hélas!
J'ai surtout, c' qui me désespère,
Beaucoup de sujets... d'embarras.
Plaignez le roi d'Araucanie !

TOUS.

Plaignons le roi d'Araucanie !

ORELIE.

Allons, je vois que j'ai rencontré des âmes compatissantes. . et je vais vous mettre en tête de la souscription que j'ouvre en ma faveur. (*Il tire de sa poche une très-longue feuille de papier.*)

ROMULUS.

Tout le monde s'empressera de souscrire, noble Sire!

COLLODION.

Oh! je crois bien. Comment ne pas s'intéresser à cette haute infortune? (*Orélie lui passe une plume qu'il trempe dans un petit encrier suspendu à sa ceinture.*) Je veux être le premier sur cette liste... Collodion, rue de la Lune, photographie perfectionnée au charbon de terre, portraits sans retouche, ressemblance garantie. Cinq francs...

ORÉLIE.

Cinq francs... Ah... merci!

COLLODION.

Un instant, ne confondons pas... Cinq francs, c'est le prix des portraits... il est bon, lui... pour vous (*il écrit*), 50 centimes.

ORELIE, *à part.*

Bigre! c'est maigre.

ROMULUS.

Moi, je vous offre ma sympathie et mes battoirs.

ORÉLIE.

Je crois que j'aurai de la peine à ramasser le petit milion qui m'est indispensable.

ROMULUS.

Un million!...

ORELIE.

Ah! monsieur, je suis pourtant bien économe, si vous voyiez

la liste de mes frais généraux... c'est incroyable... il me faudra encore diminuer mon sénateur... Il était à 1,800 francs... je le mettrai à 1,500.

COLLODION.

Comment, votre sénateur?

ORÉLIE.

Oui, je n'en ai qu'un et un député ; ils se réunissent tous les dimanches parce que dans la semaine ils sont occupés... mais ça marche tout de même!

BRULE-PAVÉ, *qui pendant cette scène est resté sur la malle et s'y est endormi, se réveille.*

Ah ça mais, dites donc, vous autres, Cocotte s'impatiente, et je n'entends pas souvent parler de mes trois francs cinquante.

COLLODION.

Romulus en répond, et si vous voulez entrer là, quand votre tête sera tirée, on vous en causera.

BRULE-PAVÉ.

Quoi, vous allez me faire mon portrait avec Cocotte?

COLLODION.

Avec Cocotte.

ORÉLIE.

Allons, venez, et si vous êtes gentil, je vous nommerai Chevalier du Bambou d'argent.

BRULE-PAVÉ.

Ah ! Sire...

ORÉLIE.

Ça ne vous coûtera que cinq francs, pour frais de chancellerie; reste trente sous que vous me devez.

BRULE-PAVÉ.

Ah! elle est bonne celle-là. (*Ils passent derrière le rideau en se donnant le bras.*)

SCÈNE XI

COLLODION, ROMULUS.

ROMULUS.

Vous voyez, Collodion, ça marche, l'album.

COLLODION.

Ah ! mon ami... quelle galerie... Un roi,... Cocotte,... un cocher,... un vaisseau,... je suis ivre de joie.

SCÈNE XII

ROMULUS, COLLODION, LE VIGNERON, LA COMÈTE.

LA COMÈTE, LE VIGNERON.

ENSEMBLE.

AIR : *Polka des Buveurs.*

Tra, la la la la la la la!
Oui, tous les deux nous voilà!
Tra la la la la la la la!
De nous longtemps on parlera.

LE VIGNERON.

Cette année, plus de piquette,
Chaque cru sera parfait.

LA COMÈTE.

C'est grâce à moi, la comète,
Que l'on pourra boire à souhait.

ENSEMBLE.

Tra, la la la la la la la! etc.

COLLODION.

Voilà un joyeux couple.

ROMULUS.

La Comète de 1861 et son favori le Vigneron.

LE VIGNERON.

Dites son compagnon inséparable; nous voulons que notre réputation rivalise avec celle de nos grands parents, la comète et le vin de 1811, de si bachique mémoire... Ah! monsieur, c'était plaisir de travailler sous sa bienfaisante influence. Aussi si vous aviez vu notre vigne, comme elle était belle! Ah dame la vigne :

AIR nouveau de M. Émile Albert.

Du bon Noé, fille immortelle,
Gloire à la vigne aux pampres verts;
La vigne, toujours jeune et belle,
Seule la reine de l'univers.

I

Sans la vigne, que ferait l'homme
En ce monde? Il s'étiolerait ;
Est-ce le houblon ou la pomme
Qui jamais te remplacerait?
Lourds buveurs de cidre ou de bière,
Au front morne, aux regards sans feux,
Courbés sur vos cruchons, arrière!
J'entends des ivrognes joyeux!

II

Rondes faces et rouges trognes,
L'œil scintillant, un vrai rubis!
Voilà comme ils sont, tes ivrognes;
Aussi, comme tu les chéris!
L'été, lorsque sous ton feuillage,
Ils trinquent, narguant le soleil,
Tu fais plus épais ton ombrage,
Tu rends ton nectar plus vermeil.

REPRISE.

COLLODION.

Mais comme elle est donc gentille cette comète!... Ah! madame, je suis bien aise de vous voir de près... Vous êtes arrivée un peu brusquement, sans la moindre petite annonce.

LA COMÈTE.

En effet, cela m'arrive quelquefois, je me permets de ne pas toujours envoyer ma carte, le premier de l'an, à messieurs les astronomes, c'est ce qui fait que l'année dernière à peine installée :

AIR :

Le soir même de mon arrivée,
J'eus beaucoup de désagréments;
Car à peine étais-je levée,
Qu'on vient frapper au firmament,
J'ouvre; jugez de mon étonnement!
C'était l'huissier, que m'envoyait de terre
Un certain monsieur Leverrier,
Qui, me traitant d'aventurière,
M'ordonnait de déménager,
Moi, me moquant de sa colère,
J'ai tourné ma queue à l'huissier.

LE VIGNERON.

Et vous avez bien fait, ma mie!... Dites donc, monsieur le photographe, il faut nous tirer notre ressemblance à tous les deux ensemble sur la même feuille.

COLLODION.

Comme les frères Lyonnet.

LE VIGNERON.

Et je veux que vous mettiez ce cep et *mon broc*.

COLLODION.

Oui... ça meuble ! (*Appelant.*) Bain-de-Fer!

ROMULUS.

Un instant donc... Est-ce que le Vigneron et la Comète peuvent s'en aller comme ça sans qu'on chante quelque chanson à boire?... C'est indispensable... Mon cher Vigneron, vous devez avoir des verres sur vous.

LE VIGNERON.

Certainement. (*Il distribue des verres.*)

ROMULUS, *à la Comète.*

Allons, versez, mignonne... et en avant la chanson du Doigt de vin!

AIR nouveau de M. Émile Albert.

CHŒUR.

Que l'on fête
La comète
Et son adorable liqueur!
De l'ivresse,
La caresse
Réchauffe et ranime le cœur.

LE VIGNERON.

Pour chasser l'ennui qui veille,
Le seul remède certain,
C'est de prendre une bouteille
Et d'y boire un doigt de vin.

CHŒUR.

LA COMÈTE.

A l'enfant, suivant l'usage,
Quand on montre un doigt malin,
Qui lui dit : Tu n' fus pas sage!
Pour lui, c'est un doigt devin.

CHŒUR.

COLLODION.

Voulant écrire un volume,
Un sot, d'un grand écrivain,
Emprunta, dit-on, la plume,
Cette plume d'oie devint...

CHŒUR.

ROMULUS.

J'ai l'œil ouvert toute l'année
Chez l' marchand de vin, mon voisin,
J'y passe tout' la matinée,
Et Dieu sait c' que j' lui dois de vin.

CHŒUR.

COLLODION.

Elle est éblouissante cette comète... C'est égal, c'est drôle, voilà que ça tourne ici..

LE VIGNERON.

L'effet de la récolte de 1861... mon vieux. (*Ils sortent avec la Comète en reprenant le refrain d'entrée.*)

SCÈNE XIII

COLLODION, ROMULUS. *Ils sont un peu gris.*

COLLODION.

Madame la com... Tiens, elle est partie, c'est dommage, elle me revenait assez cette petite comète-là ! Je la crois bonne fille... elle n'a pas l'air de faire sa tête... sa queue c'est-à-dire !

ROMULUS.

Tiens ! Collodion qui fait des mots... Tu fais des mots, Collodion !

COLLODION.

Il me tutoie... Pourquoi donc me tutoies-tu, vous?

ROMULUS.

Parce que tu es mon ami... n'est-ce pas, tu es mon ami?

COLLODION.

Si je suis ton ami... tiens... Romulus... veux-tu que je te prête dix francs?

ROMULUS.

Tous les jours si tu veux. (*Il les met dans sa poche. A part* :) Ah ! il l'est bien, par exemple !...

COLLODION.

Dis donc, Romulus... tout ça c'est gentil, la Comète, la frégate, mais sais-tu ce que je voudrais voir à présent ?

ROMULUS.

Quoi donc ?

COLLODION.

Eh bien, tu sais... les théâtres... dans une revue, mon *toi, c'est tout à fait nécessaire, et jusqu'à présent.

ROMULUS.

Rassure-toi... je n'ai rien oublié !... je vais appeler à nous, le collaborateur ordinaire de tous les auteurs à la mode... la reine du théâtre moderne... La ficelle dramatique... Ficelle paraissez !

COLLODION.

Attendez... attendez. (*Il est au milieu du théâtre et se recule vivement.*) Je connais ça... le théâtre va s'ouvrir et puis une jolie demoiselle sortira par une trappe, là, au milieu de la scène.

ROMULUS.

Ah ! c'est usé... nous ne faisons pas ça, ici.

COLLODION.

Vous avez tort, c'est très-gentil et d'un bon effet.

ROMULUS.

Mais tais-toi donc... veux-tu que j'avoue tout haut que le théâtre n'est pas aussi admirablement machiné qu'à Bobino ?... Tu n'as pas pour deux liards d'amour-propre.

COLLODION.

C'est vrai... mettons que je n'ai rien dit.

ROMULUS.

Je reprends... Ficelle, paraissez!

SCÈNE XIV

COLLODION, ROMULUS, LA FICELLE.

LA FICELLE.

AIR : *Koukouli, koukouli.*

Me voici, me voici, me voici!
Oui c'est moi qu'ainsi
L'on appelle.
Me voici, me voici, me voici,
Venez tous saluer la Fi
Celle ici?

COLLODION.

Quoi, vraiment, cette petite personne-là... C'est la Ficelle..

ROMULUS.

Tu vois bien... elle en est couverte.

COLLODION.

En effet... mâtin, c'est une jolie pelote.

ROMULUS.

Collodion !

COLLODION.

Eh bien quoi! ne puis-je pas présenter mes compliments à mademoiselle la Ficelle!... Mademoiselle... car je pense que vous n'êtes pas mariée!

ROMULUS.

Non ... elle aurait craint de se mettre... (*Il fait un signe significatif.*) Au cou !

COLLODION.

Mademoiselle, vous êtes charmante et ficelée à ravir... votre costume ne montre pas la corde ...

ROMULUS.

Je te vois venir, malin, tu veux te mettre bien avec elle.

COLLODION.

C'est vrai... mais je ne sais trop par quel bout la prendre..

LA FICELLE.

Je n'en manque pourtant pas, monsieur. (*Elle montre sa ceinture, à laquelle pendent des ficelles de toutes grosseurs.*) Tenez, vous n'avez qu'à choisir... Voici la ficelle du retour du mari... la ficelle de la chloroformisation d'une jeune fille, par un flacon imprudemment débouché.

ROMULUS.

Oh! celle-là on vous l'a louée il y a quelques semaines pour la Gaîté.

LA FICELLE.

Voici encore la ficelle de : Perdu, mon Dieu!... il est retrouvé... merci, mon Dieu!... la Ficelle de : Qui la sauvera ? Moi!... celle de : Tu m'appartiens... Pas encore.

COLLODION.

Et cette grosse-là... Ah! comme elle est usée !

LA FICELLE.

Hélas! monsieur, elle est hors de service, il va falloir me la faire découdre...

COLLODION.

Ah! bah! et comment la nomme-t-on ?

LA FICELLE.

AIR : *Turlurette.*

Cette ficelle, voyez-vous,
Eut beaucoup de succès chez nous,
Car c'est la croix de ma mère,
Mon compère,
Qui naguère
Mettait l' public sans d' sus d' sous.
Dans c' temps-là pas de dénoûment
Qui réussît autrement
Qu'avec la croix de ma mère.
Mon compère,
Quell' misère,
Elle est trop vieille à présent.
Jadis quand on la montrait
Le public entier s' mouchait.
Maintenant pauvre croix de ma mère,
Mon compère,
Le parterre
S' flanque à rire dès qu'elle paraît.

COLLODION.

Ah ! sapristi... çà me fait de la peine. Eh bien, qu'est-ce qu'elle va devenir, c'te pauvre vieille?

ROMULUS.

Oh ! ne t'inquiète pas, va !

Air : *De vrais fidèles, l'église était toute pleine.*

Son inventeur, un dramaturge habile,
S'est fait nommer, pour charmer son été,
Maire d'une petite ville
Qu'il administre avec paternité.
Cette croix qu'à sa boutonnière,
Il a le droit de porter fièrement,
Ça n'est plus la croix de ma mère,
C'est la croix du maire à présent. } *Bis.*

LA FICELLE.

Et je voudrais voir que quelqu'un d'elle rît!

COLLODION.

Oui ! ce Romain dans sa *bedaine rit.*

ROMULUS.

Collodion... tu vas trop loin.

COLLODION.

Je fais des excuses... écrites ! Ainsi, mademoiselle, vos rapports avec messieurs les auteurs vous permettent...

LA FICELLE.

De vous renseigner sur tout ce qui s'est passé au théâtre dans le courant de l'année mil huit cent soixante et un... Certainement et avec plaisir :

Air : *Un jour, à la barrière.*

Sans craindre de disputes,
Je vous promets
De vous conter les chutes
Et les succès.
Ainsi qu'une chronique,
Je veux, ma foi!
Me montrer véridique;
Écoutez-moi!

Air : *Sérénade de Gil Blas.*

Pour ne pas s' trouver en reste
Avec le boulevard.
En fait d'art,
Tra la la la la la!
L'Opéra reprend *Alceste*
Avec madame Viardot
Et Michot,
Tra la la la la la!

Cette musique sévère,
Que jadis on applaudit tant,
Fait l'effet d'un vrai somnifère
Sur l'infortuné qui l'entend.
Depuis l'ouverture on bâille;
Au premier acte on dort partout!
On parle de frapper une médaille
Pour ceux qui restent jusqu'au bout.

Au lieu de remonter c't ouvrage,
L'Opéra certe aurait
Bien mieux fait
Tra la la la la la!
De r'monter un peu le corsage
De son corps de ballet
Qui me paraît...
Tra la la la la la!

Air : *C'était de mon temps.* (Madame Grégoire.)

Peu de temps avant,
Au Théâtre-Lyrique, quel déboire!
On n'a pas longtemps
Pu chanter *Madame Grégoire.*
Elle renvoyait les gens
Par ses airs assommants.
On ne voulait pas, j'imagine,
Lui faire crédit sur sa mine!
Personne n'entrait
Boire à son cabaret.

Air : *Avez-vous vu dans Barcelone.*

Aimez-vous l'Opéra-Comique,
Dont le genre est vraiment français?
Le directeur, dit-on, se pique
D'y faire de la bonne musique,
Seulement... il n'y fait pas ses frais!
Les Recruteurs, de Lefébure,
Sans recruter un sou vaillant,
Malgré leur belliqueuse allure,
Y font une triste figure,
Et l'on ne rit qu'en s'en allant! (*bis.*)
On va, dit-on, bientôt nous rendre
Plus d'un magnifique opéra;
Mais le public dit : J' sors d'en prendre,
On peut bien, ma foi! les reprendre,
Ce n'est pas moi qu'on y reprendra.

Air : *Bouton de rose.*

Un bon jeune homme,
Qu'on traite de caméléon,
Ne vient pas d' remporter la pomme
Au théâtre de l'Odéon.
Pauvre jeune homme!
Pauvre jeune homme

AIR : du *Verre*.

Mais avant que *Gaetana*
Ne subît un sort déplorable,
Au même théâtre, l'on a
Fait jouer une œuvre remarquable ;
Oui, *les Vacances du Docteur*,
Je vous le dis en conscience,
Ont prouvé que l' talent d' l'auteur,
Est d' ceux qui n' prennent jamais d' vacances.

AIR : *Tiens, voilà mon cœur.*

Aux Variétés *les Danses Nationales*,
Tra, la la la la la la la!
Dont les danseuses étaient fort peu vestales,
Out fait flamber le cœur
De plus d'un spectateur.
Aussi, le soir, jusque dans le passage,
Tra la la la la la la la!
On entendait ce doux marivaudage :
Je f'rai ton bonheur,
Tiens, tiens, voilà mon cœur!

AIR : *Cinq sous.*

Chinq sous!
hinqsous!
Pour monter notre ménage.
Tel est l' refrain
Qu'on entend Porte Saint-Martin?

AIR : De la *Grâce de Dieu* (presque parlé).

Tu vas quitter notre montagne,
Pour aller gagner du quibus.
Méfi'-toi du vin de Champagne,
Et des rencontr' en omnibus.
Ne flâne pas d'vant les vitrages
Tu n' t-en va pas pour t'amuser,
Travaille bien et reste sage,
A moins qu'on n' t'offre de t'épouser.
Adieu, ma fille, adieu!
A la grâce de Dieu!

COLLODION.

Comme elle a drôlement dit cet air-là.

ROMULUS.

Elle chante, comme chanterait...

COLLODION.

Ah! oui... comme *chante Rey*... une femme qui n'a pas de voix.

LA FICELLE.

Air : *Bonjour, mon ami Vincent.*

Quant à *la Prise de Pékin*,
Je prise assez cette prise,
Ce n'est pas un drame mesquin
En voulez-vous l'analyse?
On voit, c'est exprès,
Des Chinois forts laids,
Des marchands de thé,
Un palais d'été;
Puis un grand décor surnommé des glaces,
Où tout ce qui se passe
Se voit sens d'sus d'sous!
Il est même heureux, je vous en réponds,
Que les figurant's aient beaucoup d' jupons ?

Air : de *Saltarello.*

Parmi les nouvelles recrues
De l'année qui vient de finir,
Nous avons eu tant de revues,
Qu'il faut au hasard choisir !
La pièce des *Mille et un Songes*
N'obtint qu'un succès passager...
Tous songes, dit-on, sont mensonges,
Les auteurs devaient y songer.
Le Plat du Jour que l'on nous offre
Au théâtre des Délassements,
Ne remplira que peu son coffre,
Bien que ce soit un plat de Flan!
Quant au théâtre des Folies
Qui fait au public ses adieux,
Chaq' soir ses loges sont remplies,
On ne peut pas se quitter mieux!
Enfin, parmi toutes ces revues,
Je ne crois pas qu'il y en ait vraiment
Beaucoup qui pourront être revues,
Mais il en est une pourtant :

Air : *Tu vas me l' payer, Aglaé!*

A quelques pas de la Bastille,
Dans le vieux quartier du Marais,
Voyez ce transparent qui brille
D'vant le théâtre Beaumarchais!
Bien que le titre en soit... folâtre,
Le public sans être effrayé,
Chaque soir envahit le théâtre
Afin de s' payer Aglaé.
Et quel succès dans le quartier!
Tu vas me l' payer!
Tu vas me l' payer!
On n'entend que ça dans le quartier
Tu vas me l' payer
Aglaé!

COLLODION.

Je vous remercie infiniment ma charmante Ficelle... mais est-ce là tout ce que vous pouvez me montrer?

LA FICELLE.

Oh! non pas... j'ai encore d'autres cordes à mon arc! avez-vous entendu parler du théâtre allemand?

ROMULUS.

J'y suis allé, moi!... Ah! voilà quelque chose de gai, par exemple!

LA FICELLE.

En voulez-vous un échantillon? (*Appelant*) Vateferfisch!... ici!

ROMULUS.

Vateferfisch! Oh! mais, je le connais très-bien! Ah! voilà un garçon qui a une bonne méthode, et une voix!... seulement, il a une malheureuse infirmité pour un chanteur.

COLLODION.

Ah! laquelle?

ROMULUS.

Il est sourd... comme plusieurs pots.

COLLODION.

Ah, bah! Alors, dis-moi, Romulus, quand il a fini de chanter comment fait-il pour s'en apercevoir...

ROMULUS.

On lui fait signe... tu vas voir!

LA FICELLE.

Vateferfisch!... ici!

SCÈNE XV

LES MÊMES, VATEFERFISCH.

TYROLIENNE.

AIR nouveau de M. Laurent de Rillé.

VATEFERFISCH.

Pelle Allemagne, Chermanie!
O ma batrie!
Mon kieur il bat en prononçant ton nom!
Bays le plis cholie
Por la pierre et par l'harmonie!
Terre le plis pon

Par la chucrute et le champou!
O Deutschland!
Waterland, meinherr Fleming,
Den Gross Herzog von Baden.
Baden, Baden, Baden,
Bad' Ida Bruning!

II

Tichirs che benso à tes vritires,
Aux gonvitires;
Mon bovre kieur, tichirs, tichirs il se souvient!
De tes filles plontes,
Qui paraissent les fées te l'onte,
Lorsque le madin
On les recarte au pas tu Rhin!
O Deutschland, mein Waterland!
Strasbourick, Meyerbeer!
Den Gross Herzog von Baden,
Baden, Baden, Baden,
Baden, Tannhauser!

(*Vateferfisch danse sur l'air de la tyrolienne, qu'il continue de chanter, bien que l'orchestre ait fini de l'accompagner. La Ficelle lui frappe sur l'épaule; il se retourne, s'arrête court et sort brusquement.*)

SCÈNE XVI

COLLODION, ROMULUS, LA FICELLE.

COLLODION, *à la Ficelle.*

Pardon, j'abuse de votre complaisance; mais n'auriez-vous pas encore quelque chose à nous faire voir?..

LA FICELLE.

Dame... non... je ne vois pas trop!... Ah! si fait! un nouveau théâtre, bien petit, bien modeste, mais qui fera, je l'espère, son chemin... Permettez-moi de vous le présenter.

SCÈNE XVII

LES MÊMES, LE THÉATRE BELLEFOND.

Air nouveau de M. Albert.

Bien que je sois très-jeune encore,
J'ai déjà fait parler de moi;
Et sans vanité, je m'honore
De mon succès de bon aloi.

COLLODION.

Mais je ne me trompe pas, ce petit jeune homme, c'est ma fille... c'est Julie... Ah çà ! comment se fait-il?...

ROMULUS.

Ah! mon ami... pas d'étonnement inutile... C'est ta fille, si tu veux, ça ne fait rien... Pas de reconnaissance dramatique, hein!... nous ne sommes pas ici à l'Ambigu...

COLLODION.

Comme tu voudras, Romulus... Alors, puisque ce n'est pas Julie... c'est...

LE THÉATRE BELLEFOND.

Je vais vous le dire :

AIR : *La lettre de l'étudiant.*

Comme on entend au coin de l'âtre
Le grillon qui fredonne au fond,
Ainsi chante un petit théâtre
Qu'on nombre Cercle Bellefond.

Simple d'aspect et de toilette,
Comme Jenny, content de peu,
Il gazouille sa chansonnette
Le soir et presque au coin du feu.

Point de grands décors sur nos planches,
Point de tapis sur nos parquets,
Mais les gaîtés jeunes et franches
Ont rendez-vous sous nos quinquets.

Nous nous amusons en famille,
Auteurs, acteurs, tous débutants,
Pourvu qu'on rie et qu'on babille
Devant nos quatre ou cinq portants.

Nous voulons pour seules recettes
Que notre public soit joyeux;
Et quant aux droits d'auteur, sornettes!
Vos bravos nous plaisent bien mieux.

Lèvre à moustache et lèvre rose,
Tous nous ont crié... Bravo!
Et notre succès nous impose
Maintenant un devoir nouveau !

O vous tous que la gloire attire
Et le bruit que font deux cents mains
Accompagné d'éclats de rire
Bien plus francs que ceux des Romains,

Vous tous qui rêvez les extases
Des premiers applaudissements!
Vous tous arrondisseurs de phrases!
Ou Bressants... sans engagements?

Grands noms futurs... acteurs, poëtes,
Qu'on rebute, inconnus encor,
Nous vous donnerons dans nos fêtes,
Un peu de bruit... sinon de l'or!

Venez, car inconnus nous-mêmes,
Nous aimons tous les inconnus,
Venez nous conter vos poëmes,
Et vous serez les bienvenus.

Enfants d'une même famille,
Nous vous recevrons au foyer
Étroit, mais joyeux, où babille
Notre grillon hospitalier!

COLLODION.

Ah! c'est très-bien, ça, jeune homme! Et je vous souhaite toute sorte de prospérité. (*A la Ficelle.*) Mais ne pourriez-vous pas encore?...

ROMULUS.

Ah! Collodion, tu es trop exigeant, mon ami! Il est un peu tard, et je crois que nous n'avons juste que le temps de nous faire photographier à notre tour... Allons, mes enfants, vite à la pose!... (*Ils sortent et laissent Collodion seul. Musique à l'orchestre jusqu'à la ronde.*)

SCÈNE XVIII

COLLODION *seul, puis* BAIN-DE-FER.

COLLODION.

Ah çà! rêvé-je, ou dors-je? Est ce bien possible tout ce qui m'arrive là! (*Coup de tam-tam à l'orchestre.*)

BAIN-DE-FER.

Patron... c'est fait! voici l'album.

COLLODION.

C'est donc vrai?... Ah! Bain-de-Fer... Cette fois viens m'embrasser... je te la donne.

BAIN-DE-FER.

Quoi?

COLLODION.

La main de ma fille, parbleu!... Je sais bien que c'est ce que tu vas me demander, et nous sommes pressés... Et puis, ça finit la pièce par un mariage... ce qui est tout à fait nouveau au théâtre... Seulement, un mot.

BAIN-DE-FER.

Lequel?

COLLODION.

Celui de l'énigme... Comment as-tu fait pour?...

BAIN-DE-FER.

Ah! mon Dieu! c'est bien simple! J'ai fait part à mes anciens camarades de mon projet... Ils étaient justement en train de répéter une revue qu'ils veulent jouer dans leur atelier... ils n'ont eu qu'à descendre, et voilà!... Enfin, vous êtes satisfait, n'est-ce pas?

COLLODION.

Certainement.

BAIN-DE-FER.

Alors... au rideau... (*Les rideaux du fond s'ouvrent et laissent voir tous les personnages de la revue; ils viennent se ranger devant le public.*)

CHŒUR.

Air nouveau de M. Émile Albert.

Vive la claque, Vive la claque!
Que l'on attaque!
Vive la claque!

LA COMÈTE.

Depuis qu' les femmes ont ouï parler
D' ma queue qui balayait la terre,
Pour être bien mise il faut porter
Une queue qui... balaie la poussière!

BRULE-PAVÉ.

En équipage, comme en coucou,
Chaque dimanche, on a beau faire,
Ce n'est jamais qu'à *pas de loup*
Qu'on s' rend au concert populaire!

BAIN-DE-FER.

Chez nous on n' pose qu' par devant,
Il en est de même à la guerre,
Les Français sans cesse en avant,
Ne montrent jamais leur... contraire.

LA FRÉGATE-ÉCOLE.

Le Parisien s'dérange bêt'ment
Pour aller voir, chose étonnante,
La mer qui monte et qui descend,
Com' si nous n'avions pas la rente.

LE BOULEVARD.

De l'Amérique, la dés'union
Produira d'étranges amalgames,
Maintenant qu' nous n'avons plus de coton,
Pas moyen d' jouer de pièces à femmes!

ROMULUS.

On macadamise l' boulevard,
Disant : c'est très-bon pour les bêtes,
P' t-être qu' les chevaux trouvent ça charmant,
Moi, ça m' dégoûte quand j' le traverse.

LE THÉATRE BELLEFOND.

Afin de soutenir son droit,
Plus d'un peuple aujourd'hui se cogne,
Mais c'est chez Markouski qu'on voit
L'émancipation d'la Pologne!

ROMULUS.

Les théâtres du bord de l'eau,
Pour s'épargner mainte culbute
D'vraient remplacer leurs parato.....
Nnerre par un bon parachute.

ORÉLIE.

Mes ministres ont pris leurs jours
Pour recevoir leurs connaissances;
Mais celui qui devrait recevoir toujours,
C'est le ministre des finances.

CHABANNAIS.

Le Jardin d'acclimatation
Cultive un' drôle de culture :
Cette moderne invention
Se nomme la pisciculture.

VATERFERFISCH.

Nos musiciens mal exercés,
Ayant eu peur d'une débâcle,
Leur chef les a tous remplacés ;
De son instrument *Cellot racle.*

LA FICELLE, *au public.*

Au p'tit théâtre Bellefond,
Si nous déridons les fronts tristes,
Nous verrons c' que les belles font
Pour encourager les artistes!
Vive la claque! Vive la claque!
Que l'on attaque!
Vive la claque!

FIN

PARIS — TYP. MORRIS ET COMP., 64, RUE AMELOT.

www.ingramcontent.com/pod-product-compliance
Ingram Content Group UK Ltd.
Pitfield, Milton Keynes, MK11 3LW, UK
UKHW021520260726
13993UKWH00004B/1784

9 782329 226293